全球華人價值性平臺
和平成長大師
李憶雯◎著

笑容是給這個世界最大的貢獻

來自上天的靈感，善良╳夢想╳珍惜╳人生╳幸福

和平成長大師李憶雯的每日益文

重享美麗的人生

　　翻閱憶雯的新作，感覺到這不是一本文學著作，也不是抒情小說，更不是坊間的勵志小品，讓毅夫一面迅速閱覽的同時，一面又在思考，這個作者到底遇到了什麼事情？為什麼會有那麼多經歷與想法啊！

　　當再深入去瞭解憶雯生命中的經歷，以及過程中碰到痛徹心扉的問題，不禁恍然大悟，但是又替她擔心，可以解決嗎？

　　當然，憶雯所碰到的任何事情，我們可以說一個人今世碰到的任何人、事、物，都是以前的因緣。時間不可逆，因果不能躲，必須要自己償還。可是也太不捨了，因為過程太久、太複雜，讓人覺得難以放下。

　　所幸，憶雯生命的堅韌，讓事情一件件的解決，也奠定了精神上強烈的浴火重生，讓關心她的朋友們，放下揪緊的心。

　　毅夫在此也替憶雯高興，希望她能苦盡甘來，重享美麗的人生；亦期帶給有緣閱覽者，能振奮面對無以為知的未來。特為之序。

何毅夫

本文作者簡介：

何毅夫

現職：

中華華人講師聯盟監事（第六屆理事長）

華人競爭力價值創新研究院院長

經歷：

臺灣企業產經協進會副理事長

臺灣工業合作協會副理事長

中華社團領袖聯合總會創會監事

臺灣企業領袖交流會企業培訓平臺主席

中華多元智慧發展學會業界顧問

環球傳承臺商學苑股份有限公司董事長

臺灣無人機應用發展協會副理事長／產業聯盟主任委員

英國（SA 公司 –AUTQ 無人機課程）飛手培訓教練

心中若有桃花源，何處不是水雲間

　　欣聞李憶雯女士即將出書，其作者是我參加「中華華人講師聯盟」（以下簡稱「華盟」）社團的認證講師、公共服務委員會與會員擴展委員會幹部，我曾任華盟第五屆（2014-2015）理事長，基於樂見華盟優質講師以著書立言方式鼓舞讀者，故樂與為之作序。

　　本書作者李憶雯說，每一篇文都是上天每一次給的靈感，或是每次她發生重大事情時所冒出的一句話。他所遭遇的每一件事情，也許你我或多或少都有相同的經歷，因此很容易做出感同身受或相類似的反應。

　　每一篇文既然都是作者內心最大的感觸，也請讀者從各個人不同的成長背景、生活歷練作相對應的指教。

　　作者自幼家境清寒，成長的過程充滿艱辛，半工半讀完成大專學歷，甚至還更上一層樓，努力想進修碩士學程。

　　《積極思考的力量》一書的美籍作家皮爾（Norman Vincent Peale）說：「將樂觀活用於生活中，你就會發展出內在的力量與平和。」（Optimism, when applied to your life, develops strength and peace within you.）

　　憶雯就像皮爾所說，不畏老天的玩笑，樂觀且堅強的向命

運挑戰。她曾榮獲「2010 全國十大愛心媽媽」及「臺北市杏壇教育奉獻獎」的殊榮，也算是上天與人間社會對她努力的肯定。

　　本書揭櫫其親職教育、生命教育、心理諮商、特殊教育、心靈勵志、企業家庭及友人間修補關係等各面向的感受，可幫助讀者在遭遇人生各個面向挑戰之參考，更能增加讀者克服困難、超越極限的實力。

　　心中若有陽光，照到哪裡都溫暖；

　　心中若有慈悲，落在何處皆摯愛；

　　心中若有桃花源，何處不是水雲間。

　　期許本書出版後得到廣大讀者的迴響，

　　希望憶雯講師在講課、培訓、心理諮商之際，讓學員更能參考此書探究生命之美、活出價值，也期望她、學員及讀者勇敢、堅強、努力不懈，活出真正的自己。

何智明

（本文作者為華盟第五屆理事長，賀琮、賀成公司總經理）

荒漠中的甘泉，迷霧中的明燈

和憶雯老師初認識時，第一眼感覺這是一位落落大方、活潑樂觀的女士。但有機會多次深聊之後，才驚覺她的生命歷程是從充滿艱辛、處處磨練中走出來的。

然而，經過那麼困苦生活，並沒有讓憶雯老師自怨自艾、委屈低頭，卻還能以超乎常人的樂觀、進取，堅強迎接每一天的生活挑戰。我相信，她的生命中必然有非常值得學習與感動之處。

人生是處處充滿挑戰的歷程，波折無所不在。憶雯老師從自身生命故事所累積出積極思考、樂觀向上、迎向挑戰、浴火重生的智慧結晶，對於現代人處於複雜、變動的社會環境，將有如荒漠中的甘泉、迷霧中的明燈，點醒我們用更積極向上的視野，看透人生迷茫，看清生活考驗。

相信憶雯老師本書的出版，能帶給更多社會大眾更真、善、美的全面提升。

陳昭良

（本文作者為中華動態競爭戰略發展學會理事長）

自序

上天要讓你看到的一段話

本書的產出，其實是來自於上天每一次給的靈感，又或者是每次憶雯發生重大事情的時候，所冒出來的一句話。

因為憶雯的生命經歷，是很多人經歷過的悲慘更悲慘，比八點檔更狗血的生命歷程。每回我的演講當中，往往最多人的回饋是：「我有什麼資格死？」本書能帶給我們很大的反思。

在這個年代，很多人已經無法閱讀長篇的文章，但是每當我們遇到每一件事情的時候，都希望能夠有人給我們一個指引的方向，所以本書並不像一般的書籍那樣逐篇看，而是類似牌卡，你翻閱到哪一篇，那一篇便是上天要讓你看到的話。你可以了解，上天為什麼要讓你看到這一段話，去了解真正的含義是什麼。

祝福您在自我生命當中，在混亂的世界裡，找到自己的支撐力量，能夠好好的修正自己。

改變別人不容易，改變自己也不容易，唯有改變自己才有希望。深深的祝福您越來越好，也願本書能夠協助您如所祈願。

PART 1

行駛之間，無愧本心

為自己負責

善良是每個人與生俱來的種子之一，

然而卻在我們成長及社會的歷練過程中，

似乎漸漸的磨滅掉了、被曲解了。

可是千萬別鑽牛角尖，

既是我們與生俱來的種子，

我們應該再努力，讓善良的種子越發芽長大，

如此般……上天定會為我們考量。

饒恕

饒恕一個人，

並不代表你認同他的所作所為，

而是釋放自己、寬恕自己。

花的紋路

花朵的美麗紋路，

除了它本身堅毅的生存，

才有它與眾不同的美，

然而若沒有拾花人捧在手心的細心呵護，

它的美很快就會凋零。

愛它再拾起它、照顧它，

而不是看過後蹂躪它，丟了它。

善良

善良是美德，

但當你善良到連自己都不能擁有自我權利時，

那就是傷害了！

最起碼的善良

最起碼的善良，

是保持內心的理性，

在現實社會中，

管好自己的嘴。

不要小看善良

千萬不要小看自己的善良，

那抹善良的微笑，

那一伸出去善良的手，

你可知，可以給多少人慰藉嗎？

笑容是給這個世界最大的貢獻。

無知

當有人在誣陷善良的人時，

你也跟著數落對方的不是，

可曾用腦袋想過良人過去，

他真的如同現在別人說的那樣嗎？

而你的盲從是否更無知？

變與不變

一個善良的人，

會變是因為被欺壓到底線，

所以變的是手段，

而沒變的是心念。

無愧本心

善良自帶光芒，

願你所愛，行你所行，

聽從你心，何問東西，

行駛之間，無愧本心。

寬恕

傷痛，是要解決的，

而那個紀錄，還是要自己去面對！

寬恕，事實上是要去懺悔自己往日或往世不善的語意行，

改正了，傷痛就自然消逝，

不再做無法逃離自己的逃離動作。

美德

在各個民族性與宗教而言，

其實各有不同的解釋意義，

大致上一般人所認定的美德，

如誠實、勤奮、恭敬、節儉、端莊、愛心、準時、

寬容、饒恕、和藹等，

但是堅守美德，

不代表失去自己，而是助人助己。

生命底層

當生命深深的沉靜下來，

就會呈現出如此美麗的容顏。

在這個剎那，

人的生命底層流露著靈性的美！

領悟

每個生命的造就，都是上天安排好。

從小父母心疼的寶貝長大後，

內心的孩子，

其實還是停留在予取予求的視野中。

但遭逢苦難被歲月摧殘的人，

由於領悟更多，

相形下他們的同理心與真正的大愛更貼近，

能不能同理真的是要苦難磨練出來。

多些同理

每個人或多或少有些自己無奈的地方，

不能以一概全認定別人，

多些同理而不是取笑，

因為同理會讓你逐漸散發靈性之美。

助人的真意

我想大家都有助人的心意吧！

然而怎麼樣幫助人才是正確的呢？

其實幫助人是一回事，

傷害人又是另外一回事。

今天你幫助了一個人，

但是明天你傷了兩個人，

那麼你的幫助有意義嗎？

捐款並非盲目的捐給哪個單位，

而是了解自己的需求，捐給相對應單位，

自然會回饋你或你當初為其所捐款的人身上。

愛與不愛

學會忘記，學會寬容人性中的惡，

其實不是懦弱，這是對自己的釋放，

讓自己不再糾纏於過去的得與失，

愛與不愛，不是放過它，是放過我們自己。

反思

「反思」就是凡事都事前先全盤了解起因，

也先問問自己的心，

自己是否也曾經做過一樣的事情？

立場角色互換一下，

了解對方的心情，

才能發揮你真正的同理心，

也避免誤殺了真正的受害人，

越親的人殺傷力越大，

被殺的人承受不起。

貴在智慧

人類貴在智慧不是嘴。

走出來

不想提起的事，並非沒事了，而是「未了結」。

了結不是遺忘，因為你不可能遺忘，

而是該好好整理那段關係，

不管那是一段伴侶、親人、朋友或同事的關係。

既不神話也不妖魔化，

寫出對方的好，也寫出對方的不好，

要道歉也得原諒，

並把當時沒表示的情緒「說」出來。

隨著他們走一次療癒自己的過程，

你就走出來了。

偉人與罪人

哪個偉人沒有過去，

哪個罪人沒有未來。

空

萬念俱灰的支撐是空，

誠如佛祖半閉眼不動。

此生禍難何時停止過，

唯等腦空心空與天同。

沒有資格悲傷

絕望之人沒有資格悲傷，

暫時的傷痛難免，

但悲傷過後，

又是翻轉蛻變的一天。

說好話

「舌燦蓮花」意指說出來的話，

字字如蓮花般的清香優雅，

不沾染任何污泥，讓人舒坦芬芳。

然而蓮花並不長久，

所以才要常常說好話。

將心比心

如果今天有朋友跟你說誰的不是，

你跟著附和。

那麼改天他人在說你的不是時，

你會如何呢？

躲在棉被裡

你躲在棉被裡的原因是什麼？

舒服、想睡覺、慵懶？

其實還有一種人，

是因為恐懼、害怕、無法控制全身顫抖，

而不得不躲在棉被裡。

閉嘴停止傷害任何人，

請說出如蓮花般出汙泥而不染、

並能讓人通體舒暢的話。

偏見

每一個偏見剛開始都看似無傷大雅，

但隨著情勢發酵，

偏見找到適合的環境，

就會發展出傷害無辜的重量。

PART 2

所有的愛都是想擁有，
只有父母的愛是與孩子分離

一生的禮物

孩子不是丟著他就會自己長大擁有道德知識，

而是模仿身邊最親近的人的樣子。

而這也是一生的禮物，

只是好與壞。

當你願意關上嘴巴，

打開自己的視野與同理心，站在孩子立場想，

用心去思考自己做了什麼才是最好的傳承。

讓愛流動

用擁抱代替爭執，

用按穴代替體罰，

唯有讓愛流動的家，

才能幸福滿滿、財源廣進。

傾聽

好好認真傾聽妻兒家人的內在聲音，

所要表達的意思和不滿是什麼？

並跟他們確認，

你接收到的意思是不是真的理解他們的心聲，

溝通的本意在於「相互對等的理解」。

找回初衷

找回最原始的初衷：

「為何一起建立家庭？」

他的優點是什麼？

這些年來最感謝他的有哪些事情？

全部列下來！

把指責對方的過錯全部忘掉！

家

「家」是要共同一起努力經營的，

比經營事業更重要。

夫妻同心其利斷金，

切莫因他人的言語、壓力擾亂了你的心思，

了解另一半與孩子有什麼困難需要共同解決，

而不是被煽動猜忌，

忘卻了夫妻之間最初共同的約定。

責任

你用盡全心把青春給了我，

我有責任讓你記憶更美好，

這才是真正家中的頂梁柱。

正三角形

家庭是一個正三角形的概念！

無非就是「對等」與「連結點」這兩個上面出現問題，

所以只要這兩個地方願意好好修正檢討，

便能溝通良好。

藉口

若為自己找太多藉口，

只會失去有幸福的家庭，

至高至近明日月，

至親至疏是夫妻。

家是牽掛

縱然你能跑遍世界，

交友遍布五湖四海，

最終都會只想有家，

珍愛感謝你的家人。

成長

我們無法選擇自己來自於怎樣的家庭，

但我們漸漸成長後，

可以懂得自己想要的人生與家庭，

自己要懂得停止、改變、反省、磨合、成長，

因為三十歲前的臉是原生給的，

三十歲以後的臉是自己捏塑的。

母親的底線

每個決定不是喊口號、FB 微信公開支持就好，

這樣略顯盲目、失去判斷，

別忘了，

任何事只要是對身心靈健康生活有助益的，

我都支持。

我寧可保全一人，也絕不做錯殺一百的事，

因為你們都是最重要的棟梁，

不要隨意否定了自己，

我身為母親的底線，

就是守住最初心本衷的孩子……

父母的愛

所有的愛都是想擁有，

只有父母的愛是與孩子分離。

所以我們對孩子不是縱容，

而是要教他們學會生存。

擔當的男人

先把嘴巴縫上，

要說出口的字句，

只有「對不起」，

不管你有沒有錯！

一個肯主動道歉的男人，

這是一種有肩膀大度的雅量。

男人最大的本事

男人最大的本事：

「用最大的愛與溫柔去對待自己的妻子。」

女人的心痛

聽過不少女人跟我說：

「我們吵架時他總說妳還不是靠我養？」

心好痛，

我打掃煮飯照顧孩子處理雜事，

都是應該的嗎？

女人的心痛，在於男人不懂得尊重。

孩子

孩子不一定會按照你說的去做，

卻會按照你所做的而做，

這就是複製的人生。

從你身上就可以看見孩子的未來，

你要重複下去嗎？

替代之路

要改變孩子的壞行為，

不是只有禁止他、懲罰他，

而是要替他找出一條可行的替代之路。

親情需要練習

親情需要練習，

一個擁抱就能化解仇視的心。

邁出第一步，

下一步就簡單多了！

總是圓缺才完美

我也是看著月亮微笑才知道，

人生永遠不可能如此圓，

總是圓缺才完美。

我告訴即將踏上自己人生的孩子們，

記得看見月亮就想起媽咪，

媽咪都在這裡看著你，

想飛就飛吧！

男人的一句話

所愛的男人的一句話，

可以讓人甘心奉獻，

也足以殺害她存在的尊嚴，

請務必三思過後溫婉的討論。

我會保護你

我們每一個人，不管男人、女人，

都有一顆保護人的心。

而這份心卻因為社會的變遷、我們的長大，

隨之被埋藏在心底最深處。

如何將這份赤子之心找回來？

我們必須慢慢的一層一層剝開，

那份天生與生俱來的愛，

讓愛發揮出來。

最值錢的禮物

最值錢的禮物，

是兩人願意磨合彼此的稜稜角角，

擺脫各式籠牢也要廝守到老，

真正的為自己此生好好活一次。

對等

人與人之間是相等的。

翹翹板與天枰，

也是對等、平衡的道理，

尤其是越親密的人。

愛之所以偉大

「愛」之所以偉大，

那是因為「對對方的尊重與全心的愛都給了唯一」。

莫忘初衷

生活中吵鬧是正常，不吵鬧才奇怪。

最怕的是「表裡不一」，

那才是真正讓更多孩子與讓人委屈的感情婚姻。

我懷念的是無話不說，

我懷念的是一起做夢，

我懷念的是爭吵以後還有想要愛你的衝動。

貼心的話

「你睡熟了，很甜蜜的姿勢，所以沒喚醒你。」

一句溫馨貼心的話，

卻可以讓對方倍感甜蜜安心。

PART 3

必須非常努力，
才能看起來毫不費力

世上最有能量的話

世上最有能量的話是「謝謝」，

而「承諾與保證」是最大的深淵。

這些影響著我們的生活現在式、未來式，

以及來生所有的一切，

深深的為自己過去沒有履約的事件致歉，努力修行……

努力躍進

從來沒有人會知道此刻你正在做什麼？

也許你還在猶豫不決，

我卻不放棄努力躍進，

我盡力了便無愧於心。

請比努力吧

每個人都有每個人的故事，

要比悲慘，每個人都很悲慘，

請比努力吧！

因為努力不是每個人都可以比得上的！

這也是「花若盛開蝴蝶自來」的道理，

「自我要求管理」才是最重要的。

走出光圈

因為有傷口，才會透出光，

而我的放手，是讓你堅強。

勇敢與努力，走出你光圈。

學習重生

很多事看表面是不準的，

唯獨真正願意走出去學習，

看看別人的生命做調整而找到自己。

謝謝很多人陪著我做微調，

讓我活出真善美。

現在的我專注在每個學習中，

不管工作、生活都活在當下。

繞了整整半輩子才學並不晚，

努力學習認真做最好的自己，

終於明白，愛我自己才值得被愛。

自救

你願意努力爭取，

天願意讓你開心，

這就是自救的意義。

堅持

如果有一點夢想，

是你覺得對自己、對社會有幫助，

那就別管有多少閒言閒語，

繼續努力往前走。

因為也許一、二十年後，

會有意想不到的成就。

心血

我不怕我的努力沒有被你看見，

我只怕你的心血沉淪於海。

往堅強的方向走

我不知道我能夠做到什麼？

但是我會努力往堅強的方向走！

這個世界不應該再混淆不清，

不僅對不起下一代，

僅連自己的良心都沒有辦法彌補，

是非對錯該還給社會一個清明。

張開眼睛

張開眼睛了嗎？

想著美好開心的事情，

好好的笑一笑，

給自己一個從容的微笑，

邁向新奇的一天。

爆發力

把悲傷留給自己，

很多事不是他人能懂。

只求尊重，

不要給太多流言蜚語。

背後付出的努力，

不是你可以用想像的，

上天會證明你的爆發力。

生命值得珍藏

有的人一生動盪卻努力追求平凡，

有的人一生平安精彩不能靠想像，

生命的每個短暫厚度才值得珍藏。

反省跟算計

過往聖賢教我們要「吾日三省」，

而今能在睡前保有一省還有幾多人？

反省可以讓我們不斷的精進自己。

然而試問：

你反省的是你自己做過的事，還是他人的錯呢？

「反省」跟「算計」是不一樣的。

努力

你必須非常努力，

才能看起來毫不費力。

自省

人世間沒有人平白無故需要對你好，

而你是否曾經珍惜過、愛護過？

還是傷害過呢？

如果你愛過，是否真心認錯，

願意主動努力去挽回這份錯過的愛？

讓你一生不留下遺憾，

也不讓雙方彼此獨活。

～珍惜而不遺憾～

命運好好玩

命是天定，所以天命難違，

運是自訂，故是言行所為。

這一世生，命想如何發揮，

吾日三省，切莫怨人怨天。

做賊的喊抓賊

如果有人說你不尊重他人，

其實有些是他不自覺自身從未尊重他人。

而你只需要捫心自問，

自我省思、感謝提醒，

不需要跟著批判，

上天絕對會給你補償，

讓你的靈命更加增長。

壞念頭

因為我們都是人，

難免心中會閃過壞念頭，

但能及時停止並反省自己，

你才真正的無愧於心，

正正當當的活在這世界裡。

自我檢視

是否明白古聖賢為何要我們「吾日三省」，

凡事發生先反省自己的原因？

因為這是讓你在成人的路上，

能夠越來越彰顯你的不凡。

「誠信」更是一把隨時檢測的刀，

讓你在一體兩面選擇時，看你如何選擇。

一步錯步步錯的人越來越多，

導致社會亂象頻繁，而你是恢復正義的一員。

審判自己

「自我審判」是最重要的一點，

要說他人過錯之前，

先檢討自己有沒有過錯，

深深的反思，

以嚴厲的法官角色來審判自己。

承諾

「下承諾」就是一種認證，

一種雖口頭但是效益卻視同契約的行為。

如果你下了承諾而且說話算話，

代表你所講出來的話有含金量，

不是信口開河隨便答應的。

若連立下的契約都還可以自己反悔，

那麼你又如何自稱自己是人呢？

進修

進修是為了退一步看自己。

相信承諾

我相信承諾，

所以我從不願悖離任何一個承諾與誓言。

因為帶孩子的成長過程當中，

就是不能言而無信，

只有如此，

人們的信念與忠誠，

才能堅定達成共識的習慣。

成就自己

在網路世界裡，

管好敲打的手，

哪怕只剩下一根中指，

你也要用對地方，

成就他人亦是成就自己。

愚公移山

我知道我什麼都不會、不夠聰明，

但是我相信一步一腳印，

不論多艱難，我都會繼續走下去，

流淚、流汗、流血都只是過程，

一定會有終點。

成就

要成就一個人不容易，

但要毀謗一個人一夕。

吸一口氣

深深的吸一口氣，

吸進去的是勇氣，

吐出來的是冷靜。

發展優勢

臺灣是人稱人情味的地方,

捫心自問自己遇事時是否怕事旁觀?

想要扳回一局,

就同心齊力奉獻自己的專長,

讓世界看見臺灣。

PART 4

人生轉個彎就有不同的答案

思考人生

思考決定心態，

心態影響人生。

人生階段

人生的每個階段，

總會看見不一樣的風景。

高度不會停在同一個地方，

生命的掌控權，

永遠在自己的手上。

這就是勇敢

當一隻腳離不開二壘，

你就永遠到不了三壘。

勇敢的邁步出去，

也許會失敗，但也許也會安全上壘，

一切只有跨出去，

你才會知道，這就是勇敢！

蹉跎生命

只顧向前走，別忘看四周。

這話聽很多，做到了沒有？

有話早點説，別留下寂寞，

生命一蹉跎，啥都看不破。

愛在運作

現在的你，表面看起來很難過、很痛苦，

事實上，底下有一股很深的動力。

愛，在運作，

我們就是放手，讓愛進來，

它有各種形式，不見得是你喜歡的，

但最終，你會認出它的。

你的生命藍圖早就寫好了，這是過程，

而且是靈魂自己許下的計畫，勇敢接受，

你比自己所想像還要大，

還要堅強、還要廣闊、有力量、有智慧。

長度與高度

當我們透過改變而獲得新生後,

我們就能去領略生命新的長度與高度。

來吧！我在這裡！

演講時只要是講到生命教育課程的時候，

很多人就會問我：

「你是用什麼樣的心情去面對這麼多的磨難？」

我都會跟他們說，

面對暴風雨就掌好舵，勇敢的面對它！

但是我也會洩氣跟質疑的跟老天爺說：

「為什麼您要讓我承受這些痛苦？」

但最後我跟祂討價還價的過程中，

我還是笑著仰視面對著祂說：

「來吧！我在這裡！」

功德和業績

一手做功德,

一手做業績,

生命才有意義。

暫停下來吧

我知道當太陽升起的那一刻，

一切又重新開始了。

有些時候明知道該往前看了，

卻不知怎麼的，忍不住回頭望。

如果當下沒辦法邁出步伐，

那就暫停下來吧！

仔細的欣賞、聆聽沿途的風景，

靜靜的去感受，

生命要我們瞭解的是什麼？

心疼孩子故做堅強的心，

我能做的就是陪伴。

後悔

生命的後悔，

在於你之前的作為，

別讓這樣的情緒，

代代相傳下去。

千里之行始於足下

世界再美，雖説圖片上都可以看得到，

但是那不是你拍的，也不是你走的。

唯有親身經歷去走過，

發現你腳邊的那一片楓葉是你見過最美，

而你撿拾了它，你便是它的主人、歸屬之地。

那時你便明白「千里之行始於足下」，

多好多美的風景，多慘多卑劣的環境，

只有你自己走過，那才是你的生命，你的經驗。

而這些經驗是你可以幫助更多人，

向前邁進、傳承、讓人明白要笑著過每一天。

一步一腳印

生命要經歷撕、拼、貼，

才會組合成你的獨特人生，

心性會更清澈悟道，

稻穗越飽滿頭越低，

我只知道一步一腳印。

干預

尊重每個人都是個體，

而不是你的所有物。

我是我自己，昔日已過，

莫要插手干預我的人生。

選擇

人生沒有最好的選擇，

只有選擇後做到更好。

標準答案

填充題一：創造自己的（　　）。

學員：「老師，這一大題為什麼都找不到答案？」

我：「對！這一大題答案只要有寫都給分。」

學員：「為什麼？這樣怎麼知道標準答案是什麼？」

我：「因為每個答案都是對的也都是錯的；

都是好的也都是不好的；

人生轉個彎就有不同的答案，只能自己選擇。」

尊敬一事無成的自己

命運給你比別人更低的起點，

是讓你用你的一生，

去奮鬥出一個絕地反擊的人生，

從尊敬一事無成的自己開始。

馬拉松

人不能選擇自己的出生，

起跑點就是輸了，支援就是不夠。

但人生並不是一場競速的短跑賽，

而是一場考驗耐力與意志力的馬拉松賽。

每一刻念頭的撐過去，

就是一次次超越的痕跡！

你需要的是

你需要的是和喜歡你的人一起熱愛生活，

而不是在不喜歡你的人那裡看清世界。

Yes！Ican！

世界無奇不有，

而你何必捆綁自己的生活？

哪怕是千分之一的機會，

只要你願意，

都可以為自己、為社會帶來最大的貢獻！

長大

當你懂得「知恩圖報」時，

那就是長大了！

生活重心

每一個人的生活當中，

都有很多的生活重心，

在處理各個生活重心時，

都會希望有一個人可以分享、可以討論，

那個人就是自己的愛人。

溝通

溝通是對等的關係，

沒有尊卑上下強弱的方式，

都是個體在溝通，

這樣才叫做溝通。

思考

與其思考為何做不到，

不如思考如何做得到。

不完美

親愛的，我們都不完美，

我們都需要彼此來圓「缺」，

所以好奇、積極的心很重要。

PART 5

自身幸福在修行

葬送幸福

也許當你越來越在乎的時候，

卻是我挫敗有了離開的念頭。

生命沒有預演，

錯過了只能留下遺憾在心頭。

為何罣礙外界牽制，

葬送了雙方的幸福與相思？

你對另一半的愛

你對別人如何說我，

別人就會如何待我，

多說愛和感恩，

幸福就在眼前。

逃，就是輸了

檢視自己面對任何人事的態度，

如果有逃避的意念，

又何來幸福？

這一逃，

你的命運就變了。

相思

人們都說相思苦，

卻都不把握幸福。

時間點滴的流出，

拿多一天的矜持，

只會換來生命的流逝。

愛是一種心疼

是否想過，你們正是對方的幸福。

愛不是逃避，是努力，

並非逃避著給彼此幸福的責任，

而是努力實現讓彼此幸福的義務，

不是不能讓彼此幸福而離開。

值得擁有幸福

我值得擁有幸福，

現在所遇到的一切困境，

都只是考驗我的智慧。

前進的希望

幸福是自己創造的，

若因過去的陰影造成你的退卻，

何不轉個方向，

讓陰影成為你前進的希望。

比愛更永遠

也許不是牽著你到終點，

還是該放手送你到轉捩點，

生生不息的祝福，

比愛更永遠。

修行

人在做，天在看。

人人心中有佛性，

自身幸福在修行。

放手祝福

不管以前我們怎麼結束，

都希望我們能重新開始，

誠心謝謝彼此，放手祝福。

離開

有些人和我們擦肩而過不相識，

有些人則在我們生命中一直陪伴著，

但卻突然離開了，

縱使很想念，也只能祝福等待。

活在當下

你是怎麼活下來的？

因為我都活在當下。

享受當下

不再等待任何一班車，

也不坐上我不想坐的車，

不管坐車或走路，

我只選擇享受當下每個片刻。

真愛

真愛是在你遇到痛苦煎熬難關的時候，

依舊願意陪伴在你身邊一起度過。

走自己的路

如果我真的走向那條路，

現在我要活在當下，

想做什麼就做，

不要告訴我社會的禁錮，

因為我只想為自己走一段我想走的屬於自己的路！

感情最缺的

歷經滄桑後更明白，

感情最缺的並非是激情，

而是激情後的那份堅持。

斷絕過往

那段時間兩人都很開心，

只是緣盡了，

關於他的記憶也不復存在。

說穿了，為自己的幸福著想，

是應該真正「斷絕過往」，

你才能擁有新人生。

若沒有處理乾淨，

下一段感情會無疾而終不是沒有道理的，

期待前後任相處愉快，是展現你的度量有多大。

感情

人類之所以為高等動物，

是因為有感情，

然而現在大家把感情當作是什麼？

他不是呈堂證供，而是信用。

愛的希望

愛的太濃烈會讓人窒息，

愛的太冷凍會無法呼吸。

看著你們彼此互虧互愛，

相信你們那折衷的愛情，

會給很多人愛的希望。

既來之則安之

活在當下，

即便身邊有任何變化，

既來之則安之，

所以拋開一切，

享受這個假期！

創造

日出的美總讓我們心中生起油然的喜悅，

也意味著今天是我們創造一天開始的美。

而在太陽耀起的那一刻，

也代表「昨日種種算什麼，今天更值得開創視野！」

彎腰

「學會彎腰」是要懂得任何時候都要謙虛，

「挺直腰桿」是要知道還有很多人需要幫忙。

擁抱

永遠別吝嗇你的一個擁抱，

或許是那個人最後的一絲希望力量。

挺你到底

讓一個人能勇往直前的動力，

往往來自於身旁那些挺他到底的人。

好運氣

熬得過就出眾，

熬不過就出局，

最糟的失敗都走過了，

剩下的就是好運氣。

向著陽光笑

好多學，學好多，多好學。

就是要傻裡傻氣的向著陽光輝煌笑，

不知天高地厚的邁開腳步向前走⋯⋯

PART 6

生命中最美好的幸福點

珍惜身邊的美妙

不求看遍世界的美貌，

但願珍惜身邊的美妙。

定會明瞭未知充滿微笑，

不讓未來自己留下懊惱。

珍惜擁有

誰都有過去,

要麼走過,要麼錯過,

不如此刻起好好的珍惜擁有,

不管對錯。

心裡的相逢

「珍惜」兩個字，

很輕，又很重。

所以珍惜每一次遇見，

讓光陰的流程一生無悔無怨。

人世間有一種莫名的相逢，

不是在路上，而是在心裡。

好好珍惜

「愛」是點點滴滴的心疼與思念的累積！

在茫茫人海中已難尋覓，

所以務必好好珍惜！

對得起自己

真心愛你的人好好珍惜，

虛情假意的人慢走不送。

生命淬鍊的你昂貴不已，

縱使此生再無人呵護，

你對天對地都對得起自己。

真心誠懇的話

一句真心誠懇的話，

也許只有在你生命彌留尚有聽覺之際，

你才能夠真正的聽到，

然而遺憾終究抵不過

平日裡我們希望大家所做到的珍惜。

不説才會有誤解

我總喜歡把最好吃的、最棒的課⋯⋯都給你，

你默默吃得很乾淨，也認真探索的上課，

但卻從他人口中得知你說我不懂得尊重，

總是在強迫！

這時我問我自己，我在你心中是什麼人？

你向他人描述的我是我嗎？

我們是互相珍惜的人嗎？

一樣不一樣

世上的人兒這樣多，你卻碰到我，

看似完全不同的人，但卻很多地方相似。

生命中能相互了解欣賞的人不多，

更不用說在有限的時間點中，

我們要並肩作戰傳遞「愛的訊息」。

珍惜每個當下，拿掉分別心。

生命中最美好的幸福點

相知相惜是一次命中注定的相逢，

但卻承載了太多的情非得已。

聚散離合，痛苦歡笑，吶喊尋覓。

因為沒有人知道那個最終的謎底，

每一刻每一秒在乎珍惜，

是生命中流逝過後，

再也不能攜手同甘共苦的痕跡，

但你可以珍惜當下，再創當天的攜手合作！

將就

等你選擇將就的時候，

你的心態是什麼？

得過且過？騎驢找馬？

搞清楚自己要什麼，

否則也許你騎的是上等的駒也不懂珍惜。

為你做他不喜歡的事

如果一個人能記得你的生日，

你喜歡什麼、討厭什麼，

以及你曾說過的話；

如果一個人能為你做他不喜歡的事，

放下面子、放下一切、改掉壞習慣、拒絕曖昧，

請好好珍惜，

你也許再也遇不到另一個了。

學習珍惜

沒有人可以選擇父母，

但我們可以選擇自己要的幸福，

並學習如何珍惜且不留下遺憾。

茫茫人海

茫茫人海中，有人可以一路相伴，

懂你、珍惜到共同分享經驗與快樂，

是一種福氣，是一種豐盛。

最愛

幸福是需要彼此感謝與用心經營才會長久，

珍惜你身邊的人，

因為他（她）才是你的最愛。

懂你的人

一個懂你的人，

是真的心疼你也寧可自己受傷的人，

生命中有這樣的人請珍惜，

別傷了他寧可自己受傷的心。

報恩

受人點滴必當泉湧以報，

一滴水成海洋，

一粒米收萬糧。

放膽探測

恐懼是來自於自己的一知半解，

而非無知。

只要願意放膽去探測，

不斷的練習，

相信你會感謝與享受天地間的呼吸。

謝謝你

要感謝今天發生的所有一切，

一切的一切只能說，

謝謝你的到來，

謝謝你遠遠看到我就笑著張開手臂擁抱，

也謝謝你的再見……

一切靠自己

當全世界都遺棄你時，

正是你最佳站起來的時候。

因為你只是回到原點，

也就是什麼都沒有，

只能自己腳踏實地走出一條路。

謝謝惡魔的引誘，

謝謝你們的放棄，

現在一切靠自己。

委屈

委屈就對著上天哭泣，

哭完便笑著跟上天說：

「來吧！我在這裡！」

我不相信我會看不到雨過天晴、柳暗花明……

抬頭只見笑顏出

委屈痛苦就哭一哭，

不要造口業亂吐訴。

這是讓我好清毒素，

再抬頭只見笑顏出。

鐵了心

不需要委屈自己，

以免秤砣鐵了心。

為他想

「我都願意聽你說。」

好動人的一句話，

會讓人有一股腦想傾吐所有的話。

但想到那忙碌的身影，

往往就只能微笑告訴你：

我很好、沒事，你好好工作。

即便受盡委屈、心痛不已，

但你有為他想過嗎？

愛的功課

打開心房才能接受更多的能量,

伸出雙手才能擁抱更多的溫暖。

有質量的陪伴是一生愛的功課,

莫等到失去了才明白一個人的恐慌。

陪伴

有時人們之所以哭泣，

並非因為軟弱，

而是真的他們堅強了太久。

如果你朋友哭了，

就抱著他讓他好好哭一場！

如果你哭了，

那就找一個正向又願意陪伴的人，

跟他求救。

唯有愛與溫暖互相流動著，

才會慢慢擴散到社會，

讓社會也跟著溫暖起來。

陪你吃苦的那個人

往往你最忽略、最對不起的人，

才是此生最終真心等待你的人，

莫忘願意陪你吃苦的那個人。

最珍貴的禮物

這世上沒有比「心意」更好的禮物了，

相較於名牌，

好朋友親手做的禮物，

才是限量版的名牌。

我要的不多

我知道我要的不多，

只是時而鼓勵、時而陪伴，

時而牽牽你的手⋯⋯

PART 7

該調整的是自己的內心

相信自己

你永遠不知道在別人口中的你會有多少版本，

也不會知道別人為了維護自己，

而說過什麼去詆毀你。

沒必要去解釋澄清，

懂你的永遠都相信你，

而你也相信自己。

存在

無論發生什麼狀況，

你只能讓自己更強，

才能綻放你的光芒。

爭論

不要為了想贏一直爭論，

而生出更多的謊言。

看似當下你痛快他失敗，

繞圈後戳破自己的謊言，

嫌棄漠視他人感受的嘴，

最後失了面子惡行彰顯。

目光

人的眼睛很奇妙，瞳孔只有一個！

所以定睛在哪裡，你看到的就是哪裡，

目光遠近真的是看自己。

判斷

當你聽到一件事情的時候，

能不能先做判斷？

管好自己的嘴、理清自己的大腦、散發心中的愛，

説好話、行好事、做好人，

謠言永遠止於智者，

別讓自己成為愚蠢的生物。

心中的尺

每人心中都有一把尺，

所以該調整的是自己的內心，

而非他人的眼睛。

真實的天

邁向人成長的臺階，

無論你站在哪一階，

仰視你會黯然自卑，

俯視你會怡然自得。

唯有平視自己視野，

才會看見真實的天。

活路

犯錯只要說了就一定有活路，

但是如果什麼都不說，

那就堵死自己所有的路。

不妥協

曾經聽過：「勝利是踩著別人的背走上去！」

我不解為何如此殘忍，我偏不信！

就算你們中傷我，我依然亦步亦趨。

縱使以摯愛要脅我，

讓我一無所有且功虧一簣，我亦不妥協。

而今我「自我審判」後，將自己當祭品訴諸法律，

為的是陋習浮上檯面。

存在世俗的謊言、冷霸凌不容忽視！請明鑑！

放下自己

從遺棄到遺棄，

是起頭是目的。

佛說放下一切，

那我放下自己。

經歷不同

真的不要以為自己年紀較長，

吃過的鹽比他走的路還多。

因為你走的路也許是山坡，

但是他人走的路是險谷，

所以經歷自然也就不同。

憑什麼

以己度人，妄加評論。

但是憑什麼呢？

犯錯

人並不完美，

總會有犯錯時候，

死後會依照生前所犯的錯，

決定下地獄第幾層，

接受處罰完後，

才會上天堂過些逍遙的日子，

決定你自己想不想投胎的去處。

一輩子蒼涼

人無遠慮必有近憂，

若只看眼前擁有，

卻誤失自己的前舖與秋收，

那是一輩子蒼涼愧疚。

找回自己的優勢

人類才能明辨何謂先天及後天，

一句話可以改變一個人的一生，

毀滅一瞬間，所以不能立馬歸類。

什麼才是真正的和平友好？

不是罵完不認錯，

找回你們自己的優勢，各自獨立發揮。

痛快的哭

這世界充斥著孤獨，

逼得人心吞噬了毒，

允許自己痛快的哭，

多少能將毒素排出。

真正的人

人的自尊自愛，來自自強自立。

不依附家族產業，不做寄生蟲，

才是一個真正的「人」。

198

持續綻放

一次次大浪沖刷下的石頭，

才會越彰顯它獨特的珍藏魅力。

「持續綻放到終點」比「贏在起跑點」重要，

我自己是這麼想——要活得漂亮！

用笑容掩蓋傷痛

如果説這一生我做錯了什麼？

我想是沒有對得起自己。

也因為沒有愛自己，

而讓自己跟很多人受傷，

用自卑選擇凡事接受，

用笑容選擇掩蓋傷痛。

現在你問我要什麼？

我要尊嚴。

自己亦是風景

不必仰望別人，

自己亦是風景，

所以讓自己活得燦爛無憾吧！

放手

不要在發現你的愛情沒有愛了的時候，

還固執的堅持，

有時候，

放手，不光是給他自由，

還是給自己一條生路。

魅力與實力

左手握魅力，右手握實力。

大步跨出去

一直在原地打轉，永遠就只能這樣。

你在怕什麼？

哪一次你往前跨出去，不是得到讚賞？

不想再當空氣，想要心靈有交流，

那就大步跨越出去，找到自己。

自卑

別將自卑變成自大，

承認自己的自卑是願意面對，

逃避與總説別人不是的，

才是真自卑。

自我定位

大破才能大立，

擺脫似是而非，

重建自我角色定位。

定位

有定位才有地位。

PART 8

一個轉彎，
就是一個世界

謠言止於智者

一言一行在能量界上都具有非常大的變化，

而這個變化在生活與財富上都具有相對的影響，

慎言、慎行、明鑑之！

無求

天之道，利而不害，

人之道，為而不爭，

娘之道，哺而無求，

養而無求，捨命而無求。

得不到的

得不到的永遠在騷動，

被偏愛的都有恃無恐。

最適合你的

最適合你的是最好的,

最好的未必最適合你。

惡語

利刃割體痕易合，

惡語傷人恨難消。

切記！

傷人傷己

你的感覺對於他人並不重要，

重要的是你發洩後傷害的程度，

傷人傷己又禍延的事為何要做？

慎思！

平衡

想要錢必須先給愛，

如此財源滾滾而來。

傷人利己不義之財，

終會讓你聲名敗壞。

大步向前走

無論下一秒會怎樣，

是歡呼、是取笑或是掉著淚，

我們都要這樣笑著面對。

再不捨，還是要大步向前走……

堅持真理

要堅持真理，

不要因為關係好，

把錯的說成對的，

也不能因為關係不好，

而把對的說成錯的。

想與做

想都是問題，

做才有活路。

知

上坡是未知，下坡可先知。

埋怨是自找，現在你可知？

故事

一件事的發生，

必定有不同的人在身旁，

所以故事感受也不一樣。

請聽其個人故事就好，

切莫加油添醋。

質疑

當你開始質疑一些光明且平凡的關係，

那就代表你的內心已經充滿黑暗了。

無所懼

四海為家看似灑脫，

年老孤寡根落何方？

雙人相依到處甜蜜，

若要歸西也無所懼。

善行善語

我的世界沒有復仇記，

只有天理正道的運行。

多行不義必自斃，

善行善語必護己。

似乎不存在

不怨天不尤人的極致點，

是什麼樣的境界？

就是將你掏空掏空再掏空，

你也要像空氣般，

似乎不存在但卻存在著。

初心

在現今社會裡，

你只有悲傷的理由，

沒有沉淪的藉口，

世代無論如何變化，

只要初心不變。

時間會證明

你收成的都是種下的，

無論好與壞，

時間自然會證明。

歡笑的臉龐

與其說我做心理諮商，

不如說我是經驗分享。

那層層病痛坎坷迷茫，

不願更多人陷入失望，

願我的淚換你的光芒。

今日挫敗的刺心穿腸，

來日是你歡笑的臉龐。

轉念

一念一轉彎，

一個轉彎，

就是一個世界。

飛

不管我們飛多高、飛多遠，

我們希望你是我們的那股風。

然而親愛的別忘了，

風向也需要轉變，也需要停歇。

不要帶著怨懟，而是理解路才走得久遠。

面對問題

「笑」無法解決問題，

卻可以「溶化」問題。

「笑」之後，

身體起了化學變化，

心態改變了，

直接面對問題就更容易。

了解清楚

站在你面前跟你哭訴的「被害者」，

在你背後安靜不說話的「加害者」，

當你猛烈的痛罵「加害者」時，

你可曾徹底了解清楚誰才是真正的「加害者」？

而你的這些舉動，

已經徹底殺了一個真正的「被害者」。

歲月

歲月的沉澱與滄桑，

是無法隨意被模仿，

亦同真愛累積陳釀，

無論多難都想同扛。

坦然天地間

我仰望的是光不是錢，

既有尊嚴亦沒有謊言。

證據向來坦然天地間，

坦蕩悠然人世似神仙。

飄渺成輕風

門指輕風、一眼驚鴻，

那種感受、文法不同，

相思之情、初心能懂。

但求萬民合心焉得大同，

我只願飄渺成輕風。

互相

互相就是看彼此需要什麼，

盡量配合對方的需求，

達到合作的目的，

路才能走得更長遠。

殺人於無形

你從不認錯嗎？

可知因為你們的自大，

逐一慢性殺害身邊的伴侶而不自覺？

慢性謾罵足以殺人於無形。

誠實不欺騙

任何人都可以有不同的看法，

而且都可以是對的。

真理是多層次的，

而且真理有不同的面向。

擁抱的力量

你多久沒真心抱著一個人了呢？

相信我，

那份擁抱的力量潛移默化中，

心會跟著柔軟，愛會繼續流動⋯⋯

笑容是給這個世界最大的貢獻

來自上天的靈感，善良╳夢想╳珍惜╳人生╳幸福
和平成長大師李憶雯的每日益文

作　　　者／李憶雯
美 術 編 輯／孤獨船長工作室
責 任 編 輯／許典春
企畫選書人／賈俊國

總　編　輯／賈俊國
副 總 編 輯／蘇士尹
編　　　輯／高懿萩
行 銷 企 畫／張莉滎・廖可筠・蕭羽猜

發 行 人／何飛鵬
法 律 顧 問／元禾法律事務所王子文律師
出　　　版／布克文化出版事業部
　　　　　　臺北市中山區民生東路二段 141 號 8 樓
　　　　　　電話：(02)2500-7008 傳真：(02)2502-7676
　　　　　　Email：sbooker.service@cite.com.tw
發　　　行／英屬蓋曼群島商家庭傳媒股份有限公司城邦分公司
　　　　　　臺北市中山區民生東路二段 141 號 2 樓
　　　　　　書虫客服服務專線：(02)2500-7718；2500-7719
　　　　　　24 小時傳真專線：(02)2500-1990；2500-1991
　　　　　　劃撥帳號：19863813；戶名：書虫股份有限公司
　　　　　　讀者服務信箱：service@readingclub.com.tw
香港發行所／城邦（香港）出版集團有限公司
　　　　　　香港灣仔駱克道 193 號東超商業中心 1 樓
　　　　　　電話：+852-2508-6231 傳真：+852-2578-9337
　　　　　　Email：hkcite@biznetvigator.com
馬新發行所／城邦（馬新）出版集團 Cité (M) Sdn. Bhd.
　　　　　　41, Jalan Radin Anum, Bandar Baru Sri Petaling,
　　　　　　57000 Kuala Lumpur, Malaysia
　　　　　　電話：+603-9057-8822 傳真：+603-9057-6622
　　　　　　Email：cite@cite.com.my

印　　　刷／卡樂彩色製版印刷有限公司
初　　　版／2020 年 6 月
售　　　價／300 元
I S B N／978-986-5405-68-7

城邦讀書花園　布克文化
www.cite.com.tw　www.sbooker.com.tw